Marina Schories

Perlweben

Inhalt

- 5 **Vorwort**

- 6 **Weben mit Perlen**
- 7 Material und Werkzeug
- 7 So wird's gemacht
- 9 Abschlüsse für Perlenbänder

- 10 **Schmuck und Accessoires aus bunten Perlen**
- 11 Perlenhalsband
- 12 Schmuckkämme
- 14 Armreif
- 16 Fischarmband
- 18 Krokodil
- 21 Haarspange
- 22 Kleiner Bär am Reif
- 24 Ledergürtel mit Perl-Applikation
- 26 Kleiner Umhängegeldbeutel
- 28 Blümchenketten
- 32 Zwillingsbänder
- 34 Namensbänder für Kinder
- 36 Ärmelhalter
- 38 Armband »Grünes Gift«
- 40 Armband »Lila Traum«
- 42 Weiße Jeans-Weste »Sophia«
- 44 Haarreif »Mausi«
- 46 Indianerkette
- 48 Baseball-Mütze »Angelo«
- 50 Brillenband

- 52 **Anhang**
- 52 Alphabete für die Perlweberei

Vorwort

Vor mehr als 40000 Jahren begann die faszinierende Geschichte der Perlen. Man findet Perlen auf der ganzen Welt und in allen Kulturen. Wenn es in diesem Buch auch hauptsächlich um die Verwendung von Perlen als Schmuck in den unterschiedlichsten Erscheinungsformen geht, darf nicht unerwähnt bleiben, daß Perlen auch als Zahlungsmittel verwendet wurden und der Besitz von Perlen als Zeichen von Macht und Reichtum gilt. Perlen werden als Talisman benutzt und haben auch als Rosenkranz im Christentum und im Buddhismus einen festen Platz.

Häufig denkt man bei Perlenschmuck an Indianerschmuck, der auch in diesem Buch nicht fehlen darf. Deshalb spricht man auch oft von Indianerperlen, die aber korrekt als Schmelz- oder Rocaille-Perlen bezeichnet werden. Sie sind – anders als die echten Perlen aus der Auster – zu Taschengeldpreisen in Kaufhäusern, Hobbygeschäften und sogar Gartencentern erhältlich.

Wer erst einmal seine Liebe zu Perlen entdeckt hat, sollte stets die Augen offen halten, um die vielfältige Welt der Perlen zu entdecken. In vielen Städten gibt es phantastische kleine Geschäfte, die sich auf Perlen spezialisiert haben. Sie sind nicht immer leicht zu finden, aber wenn man am Ziel angekommen ist, stellt man häufig begeistert fest, daß sich das Suchen gelohnt hat. Vielleicht trägt dieses Buch dazu bei, beim einen oder anderen eine neue Leidenschaft zu wecken.

Marina Schories

Ein herzliches Dankeschön geht an meinen Mann Klaus, der mir nicht nur die Zeit für meine Arbeit läßt, sondern mich auch stets tatkräftig unterstützt.

Weben mit Perlen

Das Perlweben ist eine ganz einfache, aber sehr effektvolle Technik, die schon Grundschulkinder ganz rasch lernen: Kleine Glasperlen (Rocaille- oder Indianerperlen) werden Reihe für Reihe in ein Gerüst aus Kettfäden eingewebt und ergeben so ein vorher festgelegtes Muster.

Die Anzahl der Kettfäden bestimmt die Breite des Bandes, die Anzahl der Perlreihen zusammen mit dem gewünschten Verschluß die Länge. Mit den Buchstaben aus den Alphabeten ab Seite 52 lassen sich beliebige Namen und Texte zusammensetzen. Am besten zeichnet man sich den ganzen Text mit den notwendigen Abständen erst einmal auf (siehe Anleitung auf Seite 8: Zählvorlagen zeichnen) und arbeitet dann mit dieser Zählvorlage.

Material und Werkzeug

Wichtigstes Werkzeug ist ein Webrahmen aus Holz oder Metall, der im Bastelgeschäft oder im Kaufhaus erhältlich ist. Ein einfacher Perlwebrahmen läßt sich aber auch aus einer Zigarrenkiste oder einer festen Schachtel herstellen (siehe Zeichnung).

Material

- Perlwebrahmen (siehe oben)
- dünner Perlonfaden, Polyestergarn (z. B. von *Coats Mez*) oder speziell für diesen Zweck hergestellte Seide, an die bereits ein feiner Draht zum Aufziehen der Perlen angearbeitet ist
- extrem dünne Nähnadel oder eine spezielle Perlwebnadel
- Glasperlen (Indianerperlen) in verschiedenen Farben
- Klebestreifen *(Tesa 4306)*
- ein kleines Stück Leder (für den Verschluß)
- Textilkleber
- Karopapier zum Entwerfen der Muster
- Bleistift, Radiergummi, Buntstifte

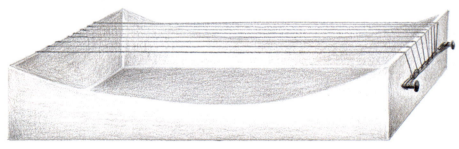

Breite der Perlen haben. Die Längsfäden (Kettfäden) müssen am Anfang und Ende etwa 10 cm länger sein als das Armband, damit später der Verschluß daran befestigt werden kann. Die Zahl der Kettfäden muß immer um eins höher sein als die Zahl der Perlen pro Reihe. Wenn das Armband beispielsweise neun Perlen breit werden soll, braucht man zehn Kettfäden, da jede Perle auf beiden Seiten durch einen Kettfaden begrenzt wird. Man beginnt mit dem eigentlichen Weben mit einem ein bis zwei Meter langen Faden, der am linken, ersten Kettfaden verknotet wird. Diesen Schußfaden in die Nadel einfädeln und und die erste Reihe Perlen aufziehen (Seite 8, Zeichnung ①).

So wird's gemacht

Vorbereitung

Zunächst muß der Webrahmen bespannt werden. Der Abstand zwischen den Fäden muß ungefähr die

Weben

Nun führt man den Schußfaden mit den Perlen unter den Kettfäden auf die rechte Seite (Zeichnung ②). Mit dem Zeigefinger der freien Hand die aufgefädelten Perlen zwischen die Kettfäden drücken. Die Perlen müssen jetzt an beiden Seiten durch einen Kettfaden begrenzt sein. Jetzt führt man die Nadel mit dem Schußfaden von rechts nach links oberhalb der Kettfäden (Wichtig!) durch die einzelnen Perlen zurück.

Für die zweite Reihe wieder die gleiche Anzahl Perlen auf den Schußfaden fädeln und in gleicher Weise weiterweben. Die Perlenreihen müssen dicht nebeneinander liegen und der Schußfaden fest angezogen werden. Am Ende der Webarbeit den Schußfaden durch die schon gewebten Perlenreihen zurückziehen, um ihn zu verwahren. Wenn der Schußfaden zu Ende geht, ein neues Stück anknoten und den Schußfaden durch ein paar schon gewebte Perlenreihen zum Anfang der neuen Reihe zurückführen.

Das ist schon alles! Beliebige Muster entstehen dadurch, daß man für jede Reihe verschiedenfarbige Perlen entsprechend einer Zählvorlage aufnimmt.

Zählvorlagen zeichnen

Material

- Karopapier DIN A 4
- Lineal
- Bleistift
- Radiergummi
- Buntstifte (siehe Zählvorlagen zu den Bändern)

Das Papier quer nehmen und Längsstriche ziehen: bei 9 Perlen zum Beispiel 10 Längsstriche (für 10 Kettfäden) im Abstand jeweils eines Karos. Jedes Karo entspricht nun einer Perle. In dieses Raster läßt sich das gewünschte Muster leicht einzeichnen. Ein Alphabet für eigene Entwürfe ist auf Seite 52 abgedruckt.

9 Perlen in einer Reihe entsprechen 10 Kettfäden. 50 bis 60 Perlreihen ergeben ein Armband. Dabei kommt es auf die Stärke des Handgelenkes und die Größe der Perlen an. Es gibt drei verschiedene Perlengrößen. Für die Modelle in diesem Buch habe ich die mittlere Größe verwendet. Bei den fertigen Arbeitsplänen ist stets die Zahl der Reihen angegeben. Falls das Band zu lang oder zu kurz ist, läßt es sich leicht am Anfang und Ende verlängern oder verkürzen.

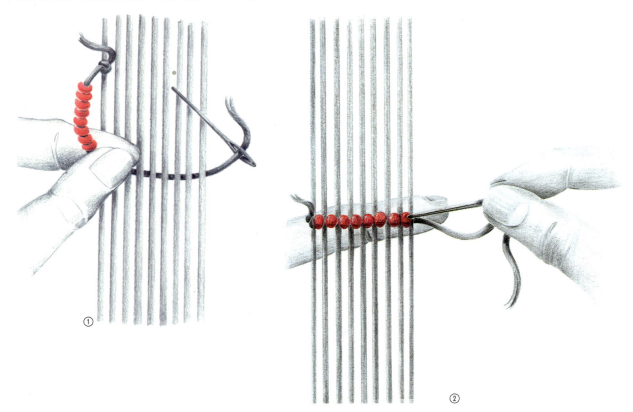

Abschlüsse für Perlenbänder

Leder

Die Arbeit vom Webrahmen nehmen und die Fäden am Ende jeder Seite verknoten. Einen Klebestreifen ganz vorsichtig quer auf die Fäden legen, direkt hinter die Perlenreihe am Anfang und Ende des Bandes, und die Enden auf die andere Seite umschlagen. Dabei darf sich die Breite des Bandes nicht verändern. Der Klebestreifen schließt die dünnen Kettfäden ein und fixiert sie in der richtigen Breite (siehe Zeichnung).

Aus einem Lederrest in der Breite des Bandes vier gleich große Stücke zuschneiden und in alle vier mit einer Lochzange oder einem Bürolocher am Ende ein Loch knipsen.
Jeweils zwei Lederstücke werden mit Textilkleber über dem Klebestreifen zusammengeklebt und mit der Schere abgerundet. Wäsche- oder Büroklammern fixieren die Klebestellen über Nacht. Durch die Löcher jeweils einen schmalen Lederstreifen ziehen: Fertig!

Zöpfe und Kordeln

Wenn Sticktwist als Kettfäden verwendet wurde, kann man rechts und links kleine Zöpfe flechten oder zwei Kordeln drehen. Für die Kordel werden jeweils zwei Stränge nach rechts eingedreht, dann übereinandergelegt und miteinander verdrillt. Schließlich alle Fäden verknoten und die Enden gleichmäßig abschneiden.

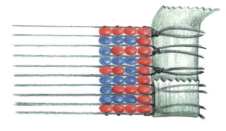

Schmuckverschluß

Einen Verschluß mit zugehörigen Kalotten im Bastelgeschäft oder bei einem Modeschmuckladen kaufen. Der Verschluß sollte mindestens drei Löcher haben, damit die Enden des Bandes nicht zu stark zusammengezogen werden. Die Fäden am Ende verknoten und mit einer kleinen Spitzzange in die Kalotten einklemmen. Das ist zunächst nicht ganz einfach und erfordert etwas Geduld. Dann die drei Enden der Kalotten in die Verschlußlöcher einfügen und fest zukneifen. Man kann auch die Fäden direkt durch die Löcher fädeln und die Fäden im Band verwahren.

Schmuck und Accessoires aus bunten Perlen

Perlenhalsband

Dieses Band ist besonders attraktiv durch das goldfarbene Herz, das in der Mitte des Bandes angebracht wird. Beendet wird das Band durch einen Lederabschluß.

Material

Polyestergarn
Perlnadel
Perlwebrahmen
etwas Leder für den Abschluß
Klebstreifen
Textilkleber
Indianerperlen: hellblau-metallic, gelb, weiß, schwarz, dunkelblau, grün und gold, Herz-Anhänger, goldfarben

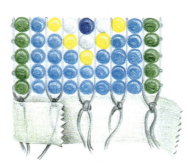

So wird's gemacht

Den Webrahmen mit 10 Kettfäden bespannen. Eine Reihe enthält also 9 Perlen. Den Faden einfädeln und nach der Zählvorlage arbeiten.
1. + 2. Reihe: grün, 7 x hellblau, grün
3. Reihe: grün, 3x hellblau, gelb, 3 x hellblau, grün
4. Reihe: grün, 2 x hellblau, gelb, weiß, gelb, 2 x hellblau, grün
5. Reihe: grün, hellblau, gelb, weiß, dunkelblau, weiß, gelb, hellblau, grün
6. Reihe: wie 4. Reihe
7. Reihe: wie 3. Reihe

Weiter wird nach der Zählvorlage (unten) gearbeitet. Dieses Band ist 22 cm lang ohne den Lederabschluß. Dieser hat auf jeder Seite eine Länge von zusätzlich 5 cm. In der Mitte des Bandes, also in der 45. Reihe, in der sich 5 goldene Perlen befinden, wird das Herz befestigt. Man fährt mit der Perlnadel durch die mittlere Reihe hindurch, nimmt noch einmal zwei goldene Perlen auf, fährt durch die Öse am Herz und noch einmal zurück durch die Perlenreihe und verwahrt den Faden.

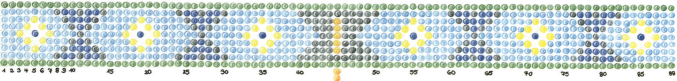

Schmuck-Kämme

Diese Kämme sind schnell und einfach herzustellen und eignen sich hervorragend als Geschenk für die Mutter, die Schwester oder die Freundin oder sonst jemanden, den man gern hat und dem man eine kleine Freude bereiten will.

Material

Polyestergarn
Perlnadel
Perlwebrahmen
2 Kämme
doppelseitiges Klebeband
transparenter Polyamidfaden
Für die großen Kämme:
Indianerperlen: rosa, hellblau, weiß, schwarz-metallic
Für die kleinen Kämme:
mittelgroße Perlen: grün, gelb, blau und orange

So wird's gemacht

Große Kämme (Abb. rechts, oben): Man bespannt den Webrahmen mit 10 Kettfäden. Wer mag, kann die äußeren Fäden doppelt nehmen. Dadurch wird das Band etwas stabiler. In jeder Reihe befinden sich 9 Perlen. Die Länge des fertigen Webstückes beträgt 8 cm, diese Länge erreicht man nach 30 Perlreihen. Nach dem Einfädeln des Fadens arbeitet man wie folgt nach der Zählvorlage:

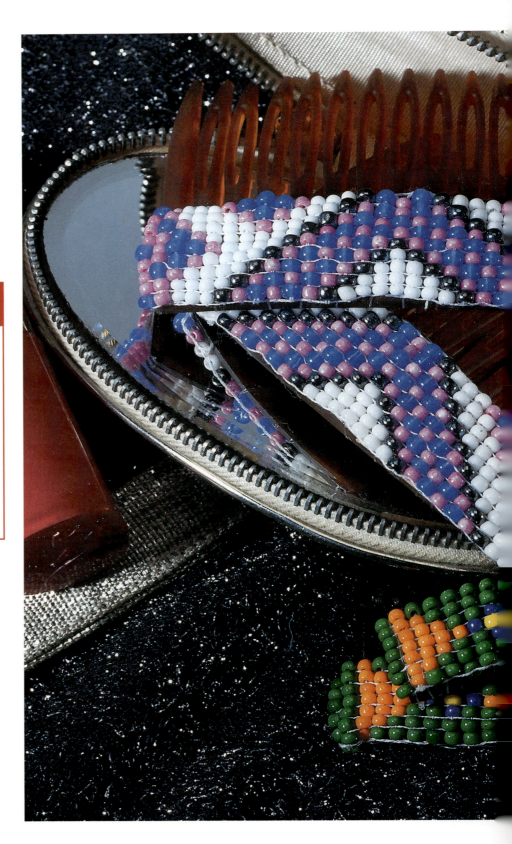

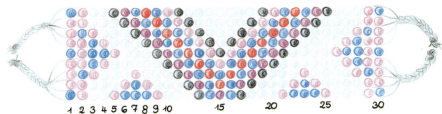

1. Reihe: blau, 3 x rosa, blau, 3 x rosa, blau
2. Reihe: 2 x rosa, blau, 3x rosa, blau, 2 x rosa
3. Reihe: 2 x weiß, rosa, 3 x blau, rosa, 2 x weiß
4. Reihe: 3 x weiß, rosa, blau, rosa, 3 x weiß
5. Reihe: schwarz, 3x weiß, rosa, 3 x weiß, rosa

Nach Beendigung der 30. Reihe gemäß Zählvorlage löst man das Webstück vom Webrahmen und verknotet die Fäden am Ende paarweise. Dann flicht man an jedem Ende zwei kleine Zöpfe, damit die Fäden fest gebündelt sind. Jetzt schneidet man ein doppelseitiges Klebeband auf die Größe des Kammes zu und klebt es fest auf den Kamm. Anschließend drückt man die Webarbeit fest auf die freigelegte zweite Klebefläche. Dabei müssen die oben beschriebenen Zöpfe innen, also direkt auf die Klebefläche zu liegen kommen, so daß sie nach dem Festkleben nicht mehr zu sehen sind. Zur besseren Stabilisierung kann man noch zusätzlich das Band mit einem Polyamidfaden auf dem Kamm befestigen. Dazu wird der Faden immer abwechselnd durch den Randfaden und den Kamm gezogen, bis man am Ende des Kammes angekommen ist.

Kleine Kämme (Abb. links, unten): Das Band für die kleinen Kämme wird nur 7 cm lang. Man kann es auch auf einem Karton oder einem selbstgebastelten Webrahmen arbeiten. Man spannt auf den Webrahmen 8 Kettfäden und nimmt wie bei den großen Kämmen die äußeren Fäden doppelt. Nach dem Einfädeln beginnt man mit der ersten Reihe der Zählvorlage und fädelt hierzu 7 grüne Perlen auf.
2. Reihe: 7 x orange
3. Reihe: grün, 5 x orange, grün
4. Reihe: 2 x grün, 3 x orange, 2 x grün
5. Reihe: 3 x grün, orange, 3 x grün

Nun nach der Zählvorlage weiterarbeiten, bis man 25 Reihen vollendet hat. Die Kämme fertigstellen, wie unter oben beschrieben (»Große Kämme«).

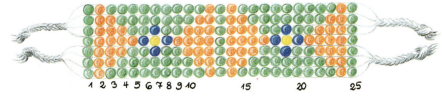

Armreif

Dieser Armreif ist außergewöhnlich schön und macht sehr viel Freude. Man sollte jedoch schon etwas Erfahrung haben, bevor man sich an ihn herantraut. Außerdem sollte man mehr Zeit für die Arbeit einplanen als bei einfacheren Webarbeiten.

Material

Polyestergarn
Perlnadel
Perlwebrahmen
doppelseitiges Klebeband
transparenter Polyamidfaden
schwarzer Filz
Armreif aus Kunststoff o. ä., Umfang 26 cm, Breite 2 cm (erhältlich im Warenhaus)
Indianerperlen: rot, blau, gelb, orange, schwarz-metallic, grün, hellgrün, gold, weiß und kobaltblau

So wird's gemacht

Die Webarbeit wird etwa 26 cm lang und besteht aus 97 Perlenreihen. Deshalb sollte man Kettfäden in einer Länge von etwa 46 cm zuschneiden. Der Webrahmen wird mit 17 Kettfäden bespannt (die äußeren Fäden doppelt nehmen). Jede Perlenreihe besteht aus 16 Perlen. Man beginnt wie in der Zählvorlage angegeben:
1. – 3. Reihe: 16 x rot
4. Reihe: weiß, 14 x rot, weiß
Danach bis Reihe 97 nach der Zählvorlage weiterarbeiten. Nach Fertigstellung nimmt man das Band vom Rahmen und flicht die Fäden zu mehreren Zöpfen.

Nun schneidet man einen schwarzen Filzstreifen für die Innenseite zu. Dann fädelt man einen Polyamidfaden ein und näht die beiden Enden der Webarbeit zusammen. Jetzt legt man die Webarbeit über den Armreif und probiert, ob sie paßt. Danach näht man mit dem gleichen Faden den schwarzen Filz am Rand einer Seite der Webarbeit an (siehe Zeichnung).

Es ist günstig, wenn der Filz etwas länger als die Webarbeit ist, damit die Enden einander überlappen. Falls der Filz zu breit geraten ist, kann man ihn auch jetzt noch etwas schmaler schneiden.

Zunächst wird jetzt das doppelseitige Klebeband in der Größe des Armreifs zugeschnitten und auf dem Armreif festgeklebt. Danach wird die Arbeit

über den Armreif gezogen und fest auf das Klebeband gedrückt. Jetzt werden Filz und Webarbeit an der noch offenen Kante zusammengenäht, so daß der gesamte Plastikarmreif verkleidet ist. Am Ende wird der Faden unter dem Filz verwahrt.

Mein Tip:

Selbstverständlich muß man vor Beginn der Arbeit sicherstellen, daß der Armreif die hier vorgegebenen Maße aufweist. Ansonsten muß man die Zählvorlage natürlich entsprechend abändern.

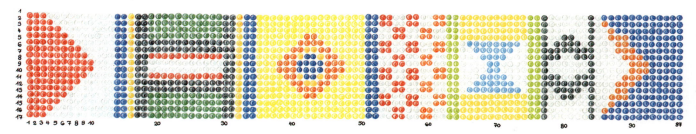

15

16

Fischarmband

Drei bunte Fische schwimmen über dieses Armband, das gut zu Jeans und T-Shirt paßt und Erinnerungen an den Urlaub am Meer wachruft.

So wird's gemacht

Dieses Armband ist 15 cm lang zuzüglich Verschluß. Es hat 14 Kettfäden und deshalb 13 Perlen in jeder Reihe. Die 14 Kettfäden in der Länge von ungefähr einem Meter zuschneiden und den Webrahmen bespannen (doppelte Länge des Webrahmens + 20 cm). Man sollte eher zuviel nehmen, als zu knapp zu rechnen. Wichtig beim Arbeiten nach der Zählvorlage: Jede Reihe markieren oder ein Lineal benutzen, damit man nicht zwischen den Reihen verrutscht. Faden einfädeln und nach der Zählvorlage arbeiten:
1. – 3. Reihe: 13 x weiß
4. Reihe: 4 x weiß, blau, 8 x weiß
Insgesamt hat dieses Band 61 Perlenreihen. Das Band ist mit Verschluß 19 cm lang. Wenn man die Endfäden nach dem Verknoten zu kleinen Zöpfen flicht, kann man es auch auf diese Art um das Handgelenk binden. Mit einem richtigen Verschluß ist es allerdings einfacher, das Band an- und abzulegen.

Material

Perlwebrahmen
Polyestergarn
Perlwebnadel
Nadeleinfädler
Verschluß
Indianerperlen: weiß, blau, orange, silber, gold und schwarz.

Mein Tip:

Zählvorlage nötigenfalls mit dem Kopierer vergrößern!

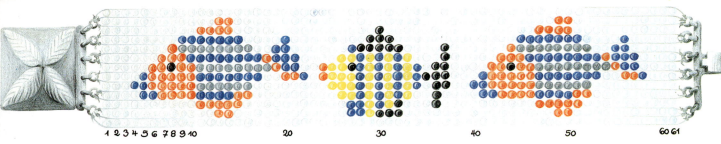

Krokodil

Ausgesprochen beliebt sind diese kleinen Krokodile, die man sehr vielseitig verwenden kann: als Talisman, Brosche, Anhänger an einer Halskette oder als Miniatur für den Setzkasten. Seit vielen Jahren habe ich diese Krokodile immer wieder hergestellt und verschenkt und zur Weiterverbreitung dieser aussterbenden Rasse beigetragen. Man benötigt etwas Geduld dazu, aber mit entsprechender Übung werden die Krokodile von Mal zu Mal hübscher. Wenn man die Anleitung Schritt für Schritt genau befolgt, gelingt dieses kleine »Untier« sicher.

Material

Polyamidfaden, 150 cm
100 Perlen für die obere Perlenseite
90 Perlen für die Unterseite
3 schwarze Perlen für Nase und Augen (für die Füße nimmt man am besten die gleichen Perlen wie für den Bauch)
2 Perlnadeln (sehr dünn)

Vorbemerkung: Da das Krokodil eine Ober- und eine Unterseite hat, wird die Perlenzahl zuerst immer in der oberen Farbe und dann in der unteren Farbe angegeben. Eine Ausnahme bilden die Anfangs- und die Schlußperlen sowie die Füße, die einfach aufgefädelt werden.

So wird's gemacht

1. An beiden Enden des Fadens fädelt man eine Nadel auf. Dann faßt man mit einer Nadel eine schwarze Perle auf und schiebt diese in die Mitte des Fadens und geht mit der Nadel noch einmal durch die Perle hindurch (siehe Zeichnung). Dies wird die Nase des Krokodils.

2. Jetzt fädelt man mit einer Nadel zwei obere Perlen auf und schiebt sie zur Nase hin. Mit der anderen Nadel faßt man die zwei Perlen in der umgekehrten Richtung auf und zieht den Faden an. Das Ergebnis sieht aus wie ein Dreieck. Man sollte

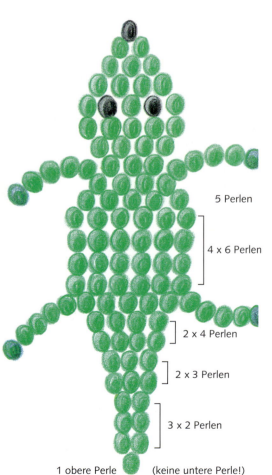

5 Perlen
4 x 6 Perlen
2 x 4 Perlen
2 x 3 Perlen
3 x 2 Perlen
1 obere Perle (keine untere Perle!)

19

den Faden fest anziehen und darauf achten, daß die Nase in der Mitte sitzt.

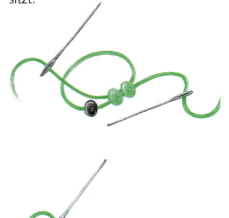

3. Nun fädelt man mit einer Nadel zwei untere Perlen (also Perlen in der »Bauchfarbe«) auf und schiebt sie zu den anderen Perlen. Mit der anderen Nadel faßt man die beiden Perlen in umgekehrter Richtung auf (siehe Zeichnung).

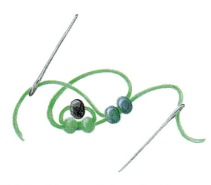

Wichtig: Man muß darauf achten, daß die beiden oberen Perlen auf den unteren zu liegen kommen und die Fäden immer gut angezogen werden!

4. Jetzt faßt man 3 obere Perlen auf und schiebt sie zu den anderen Perlen. Mit der anderen Nadel faßt man diese 3 Perlen in umgekehrter Richtung auf und zieht den Faden fest an. Dann faßt man mit der Nadel 3 untere Perlen auf und schiebt sie zu den anderen Perlen. Mit der zweiten Nadel faßt man diese 3 Perlen in umgekehrter Richtung auf und zieht wieder den Faden fest an. Dabei achtet man darauf, daß immer Perlen der gleichen Farbe in benachbarten Reihen nebeneinander zu liegen kommen. Bei der oberen Reihe mit 5 Perlen werden die Augen eingearbeitet (siehe Zeichnung des gesamten Krokodils auf Seite 18).

5. So arbeitet man weiter entsprechend der Zeichnung, bis man mit 3 oberen Perlen zur letzten Reihe des Kopfes kommt. Diese 3 oberen Perlen erhalten keine unteren Perlen als Gegenstück (siehe Zeichnung des gesamten Krokodils).

6. Für den ersten Fuß nimmt man nun mit der Nadel 4 obere Perlen und eine untere Perle auf und schiebt sie zu den anderen Perlen. Dann faßt man die 4 oberen Perlen mit der gleichen Nadel in umgekehrter Richtung noch einmal auf, zieht den Faden durch und faßt mit der gleichen Nadel noch zusätzlich 4 obere Perlen auf. Diese letzten 4 Perlen sind die Perlen für den oberen Körper. Man muß den Fuß gut an den Körper heranziehen.

7. Mit der anderen Nadel faßt man für den zweiten Fuß 4 obere Perlen und eine untere Perle auf und schiebt sie wieder an die anderen Perlen heran. Dann faßt man die 4 oberen Perlen mit derselben Nadel in umgekehrter Richtung noch einmal auf, zieht den Faden durch und faßt die 4 zusätzlichen Perlen (1. Reihe Körper) in umgekehrter Richtung noch einmal auf. Die Fäden gut anziehen.

Mit der anderen Nadel wieder 4 untere Perlen aufnehmen und an die anderen Perlen heranschieben. Diese 4 Perlen faßt man mit der anderen Nadel noch einmal in umgekehrter Richtung auf und zieht die Fäden gut an. Nach der Zeichnung auf Seite 18 weiterarbeiten.

8. Als allerletztes kommt eine obere Perle ans Schwanzende. Diese Perle hat auf der Unterseite kein Gegenstück. Man sticht mit der Nadel durch je eine der letzten unteren Perlen und verknotet die Fäden.

Mein Tip:

Wenn die Perlen für die Oberseite etwas größer sind als die unteren Perlen, wölbt sich der Rücken des Krokodils und wirkt plastischer.

Haarspange

Material

1 Haarspange, 9,5 cm lang (erhältlich im Bastelgeschäft)
Moosgummi, lila (12 cm x 2,5 cm)
Perlonfaden
1 Freundschaftspüppchen
Polyestergarn
Perlwebrahmen
Perlnadel,
Perlen: hellblau, perlmutt, gelb und rot.

So wird's gemacht

Es werden 7 Kettfäden passend zur Länge des Webrahmens zugeschnitten und auf den Rahmen gespannt. 37 Perlenreihen entsprechend der Zählvorlage weben. Nach 37 Reihen ist das Band ungefähr 9,5 cm lang.

Man nimmt die Webarbeit vom Rahmen und verknotet die Endfäden miteinander. Dann werden rechts und links zwei kleine Zöpfe geflochten, und man befestigt genau in der Mitte das Freundschaftspüppchen mit einem Perlonfaden.

Nun schneidet man das lila Moosgummi-Stück genau auf die Haarspange zu. Die Enden werden etwas abgerundet. Man legt die Webarbeit in die Mitte des Gummis, die kleinen Zöpfe werden nach innen geschlagen. Mit dem Perlonfaden näht man nun die Webarbeit auf das Moosgummi-Stück. Man sticht immer abwechselnd in den Rand ein und durch den Moosgummi hindurch, bis die ganze Webarbeit aufgenäht ist. Zuletzt befestigt man das Moosgummi-Stück mit der aufgenähten Webarbeit auf der Haarspange, indem man das Ganze mit dem Perlonfaden annäht und umschlingt. Der Faden soll dabei nicht zu fest angezogen werden, da er sonst den Moosgummi durchtrennen kann.

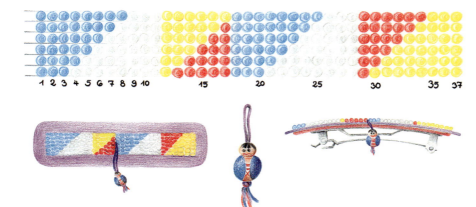

Kleiner Bär am Reif

Der Halsreif mit dem reizenden Bären in Perlweberei ist ein außergewöhnliches Schmuckstück, das nicht nur kleine Mädchen begeistert.

Material

1 grüner Halsreif (erhältlich im Bastelladen oder Schmuckgeschäft)
Perlwebrahmen
Polyestergarn
1 dünne Webnadel
25 große honigfarbene Perlen
24 kleine honigfarbene Perlen
108 silberne Perlen
46 permuttfarbene Perlen
3 schwarze Perlen
11 goldene Perlen
118 braune Perlen

So wird's gemacht

Man spannt 18 Kettfäden in einer Länge von 40 bis 45 cm auf den Webrahmen und nimmt dabei die Randfäden doppelt. Man beginnt mit der ersten Reihe der Zählvorlage mit 17 kleinen honigfarbenen Perlen. Nach insgesamt 17 Reihen ist der kleine Bär fertig.
Nach Fertigstellung der 17. Reihe nimmt man die Webarbeit vom Webrahmen und teilt die unteren 18 Kettfäden in 6 Fransen zu je 3 Fäden. Diese Fransen zieht man auf eine Nadel und fädelt honigfarbene Perlen auf: 1 kleine Perle, 1 große Perle, 2 kleine Perlen, 1 große Perle, 2 kleine Perlen und 1 große Perle. Bei der letzten Perle muß man wieder zurückstechen (also um die letzte Perle herum und durch die Perlenreihe zurück) und dann die Fäden in den schon vorhandenen Perlen verwahren.
Die Fäden oberhalb der Webarbeit werden mit 7 großen honigfarbenen Perlen verwahrt. Man teilt wieder die Kettfäden auf, befestigt immer eine der großen Perlen mit drei Fäden und verwahrt die Fäden in den bereits vorhandenen Perlen. Am Ende zieht man den Reif durch diese großen Perlen.

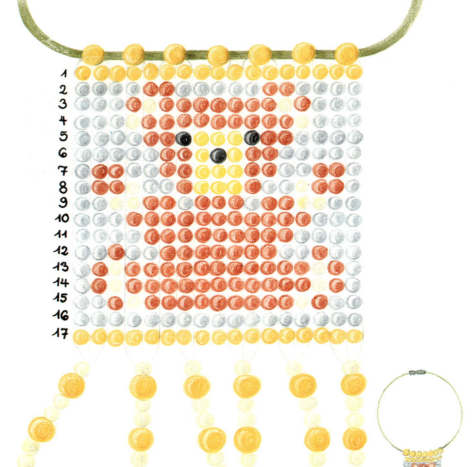

Mein Tip:

Ich empfehle, die Fadenenden mit einem Klebstreifen am Webrahmen zu befestigen, damit die Kettfäden immer straff gespannt sind.

23

Ledergürtel mit Perl-Applikation

Material

Polyestergarn
Perlnadel
Perlwebrahmen
transparenter Polyamidfaden
doppelseitiges Klebeband
1 weißer Ledergürtel
(Länge 75 cm)
Indianerperlen: blau, türkis, hellblau, weiß und perlmutt
Papiertaschentücher

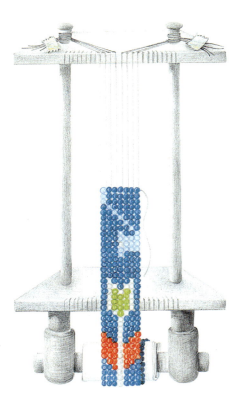

So wird's gemacht

Man schneidet 10 Polyesterfäden in der Länge von 80 cm zu und spannt die Fäden auf den Webrahmen. Es handelt sich dabei um 8 Kettfäden und 2 zusätzlich zur Verstärkung dienende Randfäden. Man spannt die Fäden zunächst ganz normal.

Die überstehenden Fäden wickelt man um die Stöpsel am Ende des Webrahmens. Die Webarbeit wird insgesamt 50,5 cm lang und besteht aus 193 Perlenreihen.
Nun beginnt man mit der Webarbeit entsprechend der Zählvorlage:
1. – 3. Reihe: 7 blaue Perlen
4. Reihe: 7 rote Perlen
Falls die Kettfäden zu locker werden, zieht man sie fest an, indem man z.B. ein Papiertaschentuch dazwischen klemmt und es mit einem Klebestreifen befestigt.

Wenn man bei der Webarbeit am Ende des Webrahmens angelangt ist, löst man die Webarbeit vom Webrahmen herunter und wickelt sie vorne über die Querleiste. Auch hier ist das Mitwickeln eines Papiertaschentuches von Nutzen, damit die Wickelung fest und straff ist. Danach müssen die Fäden wieder in den Webrahmen eingespannt werden. Wenn die Fäden straff

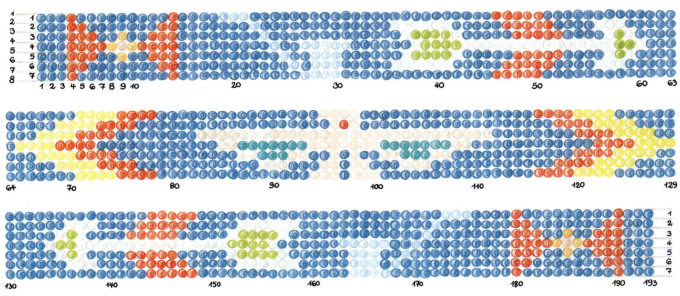

gespannt sind, wird die Webarbeit fortgesetzt, bis die Spannfäden wieder aufgebraucht sind. Danach verfährt man, wie zuletzt beschrieben. Auf diese Weise wird weiter gewoben, bis die gewünschte Länge erreicht ist oder die Zählvorlage abgearbeitet wurde.

Beim Originalmodell ist die Webarbeit etwas schmaler als der Gürtel.

Mit 7 Perlen erreicht man eine Breite von 1,4 cm. Der Gürtel hat eine Breite von 2,7 cm.

Wenn die gesamte Zählvorlage abgearbeitet ist, nimmt man vorsichtig die Webarbeit vom Webrahmen und verknotet die Endfäden. Nun legt man den Ledergürtel in der ganzen Länge flach auf den Tisch und legt die Webarbeit darauf. Dabei muß

man beachten, daß man am Anfang und am Ende etwa 12 cm Platz läßt. (Es ist nicht zu empfehlen, die Webarbeit in der Länge des Gürtels anzufertigen, da das Probleme beim Tragen des Gürtels mit sich bringt.)

Nun schneidet man kleine Klebebandstücke zu (Länge: 2 cm; Breite: 1 cm) und klebt diese kleinen Stücke in gewissen Abständen auf den

Gürtel in dem Bereich, in dem die Webarbeit liegen soll.

Dann fädelt man einen Polyamidfaden in eine gewöhnliche Nähnadel ein und näht die Webarbeit auf den Gürtel. Dabei sticht man immer in die doppelten Randfäden ein und geht durch ein Loch des Gürtels nach hinten, geht hinten herum und auf der anderen Seite wieder heraus und sticht wieder in die Randfäden ein, hinter dem Gürtel herum und auf der anderen Seite heraus und durch die Randfäden. Der Abstand sollte dabei immer 2 bis 3 Perlen betragen, wenn es die Löcher des Gürtels erlauben. Über diesen Gürtel freuen sich besonders alle, die für die Indianer und ihre Kultur schwärmen. Er paßt hervorragend zu Jeans.

Kleiner Umhängegeldbeutel

Die Perl-Applikation macht aus einem einfachen Geldbeutel ein Schmuckstück mit praktischem Nutzen.

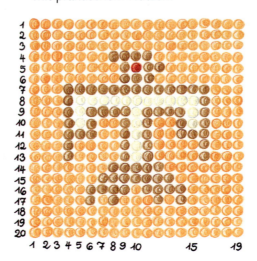

Material

Polyestergarn
Perlnadel
Webrahmen
doppelseitiges Klebeband
1 kleiner Ledergeldbeutel zum Umhängen (ca. 6 cm breit und 7 cm hoch)
Indianerperlen: orange, braun, perlmutt
1 rote Perle für das Auge

So wird's gemacht:

Man benötigt 20 Kettfäden und zusätzlich zwei Randfäden, so daß dadurch in jede Reihe 19 Perlen kommen. Man spannt zunächst die Kettfäden in der Länge des Webrahmens. Man beginnt mit der Webarbeit, indem man entsprechend der Zählvorlage 19 orangefarbene Perlen auffädelt. Nach insgesamt 20 Perlenreihen ist die Webarbeit beendet. Dann nimmt man die Webarbeit vom Webrahmen und verknotet die Endfäden. Wenn die Perlen groß genug sind, kann man auch immer zwei Fäden zusammennehmen, wieder zurück in die Perlen stechen und die Fäden verwahren. Falls die Löcher zu klein sind, verknotet man die Fäden am Ende und flicht mehrere kleine Zöpfe, damit sich die Fäden nicht verwickeln. Nun klebt man auf eine Seite des Geldbeutels ein Stück doppelseitiges Klebeband der Größe 5,3 x 4 cm auf und drückt es fest an. Dann nimmt man die Webarbeit, schlägt die Zöpfe nach innen und drückt sie fest auf das Klebeband auf. Dabei sollte man beachten, daß man die Webarbeit nach dem Aufdrücken nicht mehr verschiebt, denn ansonsten kann man das Klebeband durch die Webarbeit sehen, was nicht besonders schön aussieht. Auch bekommen die Perlen durch das Hin- und Herschieben eine klebrige Oberfläche und sehen matt und unansehnlich aus. Also: einmal beherzt aufdrücken, und dann muß es stimmen!

Mein Tip:

Mangelhafte Perlen sollte man sofort wegwerfen, sonst ärgert man sich, wenn man sie beim Auffädeln immer wieder erwischt.

Blümchenketten

Bei einem Englandurlaub sah ich bei einem Spaziergang plötzlich im Sand etwas funkeln, hob es auf und hatte in meiner Hand ein wunderschönes kleines Perlenkettchen, das aussah, als bestünde es aus lauter kleinen aneinandergereihten Vergißmeinnichtblüten. Die folgenden Stunden verbrachte ich damit herauszufinden, wie man ein solches Kettchen herstellt. Mir selbst gefallen am besten dunkle Blüten mit einem hellen Mittelpunkt. Mit Blümchenketten lassen sich schlichte Gegenstände effektvoll dekorieren, zum Beispiel Schuhe (S. 29) oder ein Schlampermäppchen (S. 31), sie sehen aber auch als Armkettchen reizend aus.

Material

für alle Modelle…
verschiedenfarbig Perlen, eventuell etwas größere Mittelperlen
transparenter Polyamidfaden
eine Perlnadel (Größe von der Größe der Perlen abhängig)

Samtschuhe mit Perl-Applikation

So wird's gemacht

Die schwarzen Samtschuhe sind in allen Größen zum Beispiel in Geschenkeläden oder Asien-Shops zu erhalten. Auf jedem Schuh ist eine Kette aus 26 kleinen Blüten mit einem kleinen bunten Bären in der Mitte angebracht. Solche Bärchen findet man in vielen Perlengeschäften. Seiner ursprünglichen Bestimmung nach sollte er zu einem Ohranhänger verarbeitet werden. Ganz wichtig ist bei dieser Arbeit, daß man den Faden immer ganz fest anzieht.

① Man faßt 4 orangefarbene Perlen auf und knüpfen den Faden so zusammen, daß etwa 15 cm Fadenlänge vor dem Knoten stehen bleibt. Damit kann man später die Kette am Schuh annähen.

② Man faßt 3 orangefarbene und 1 blaue Perle auf und sticht von rechts nach links durch die zweitletzte Perle.

③ Man faßt 3 orangefarbene Perlen auf und sticht von links nach rechts durch die Perle, die vor der dunklen Perle liegt.

④ Man faßt 2 orangefarbene Perlen auf und sticht von links nach rechts durch die beiden oberen Perlen. Dann faßt man von rechts nach links die beiden oberen Perlen noch einmal auf.

⑤ Man faßt 3 orangefarbene Perlen und eine blaue Perle auf und sticht von links nach rechts durch die zweitletzte Perle.

⑥ Man faßt 3 orangefarbene Perlen auf und sticht von rechts nach links durch die Perle vor der dunklen Perle.

⑦ Man faßt 2 orangefarbene Perlen auf und sticht von rechts nach links durch die beiden oberen Perlen. Dann faßt man von links nach rechts die beiden oberen Perlen noch einmal auf.

⑧ Danach geht die Beschreibung weiter bei 2. Nach Fertigstellung von 26 orangefarbenen Blüten beendet man Auffädelarbeit und näht mit dem Restfaden die Blütenkette auf den vorderen Rand des Schuhs. In der Mitte fädelt man noch einmal eine orangefarbene, eine blaue, eine orangefarbene, eine blaue und eine orangefarbene Perle auf, nimmt den kleinen Bären auf und fädeln noch einmal mit dem ganzen Faden zurück. Danach wird die Blümchenkette weiter an den Schuh genäht.

Mein Tip:

Bei großen Perlen kann man statt der feinen Perlennadel auch eine normale Nadel verwenden, aber ich persönlich finde: Je kleiner die Perlen sind, um so schöner sind auch die Blüten.

Armband aus rosa Blüten

Es gilt die gleiche Beschreibung wie beim Blümchenband zu den Samtschuhen, allerdings ist Orange durch Rosa und Blau durch Hellblau zu ersetzen. Beim rosafarbenen Armband habe ich einen kleinen Federverschluß angebracht, am einen Ende die Öse, am anderen Ende den Schnappverschluß. Eine Blüte besteht immer aus 8 Perlen und einem Mittelpunkt.

Schlampermäppchen

Material

1 Schlampermäppchen
transparenter Polyamidfaden
Perlnadel
1 kleiner goldfarbener Fisch-Anhänger (erhältlich im Bastelgeschäft)
52 braune Perlen
6 perlmuttfarbene Perlen
24 grüne Perlen

So wird's gemacht

Man verknotet den Polyamidfaden, knotet ihn am Reißverschluß fest und arbeitet nach der Zeichnung.

1. Man faßt 4 braune Perlen auf und knüpft den Faden so zusammen, daß die Perlen ein Quadrat bilden.

2. Man faßt 3 braune und eine perlmuttfarbene Perle auf und sticht von rechts nach links durch die vorletzte Perle.

3. Man faßt 2 grüne, 2 braune und 2 grüne Perlen auf und sticht sie durch die zwei oberen Perlen der letzten Blüte und nochmals durch die zwei nächsten grünen Perlen.

4. Man faßt 3 grüne Perlen und eine perlmuttfarbene Perle auf und sticht zwischen die zwei unteren braunen Perlen von innen nach außen durch.

5. Man faßt 3 braune Perlen auf und sticht durch die obere braune Perle von innen nach außen durch. Jetzt ist wieder eine Blüte fertig – Faden fest anziehen. Immer nach der fertigen Blüte 2 grüne, 2 braune und 2 grüne Perlen auffädeln und so

die Arbeit ab Punkt 3 wiederholen. So stellen wir 6 kleine braune Blüten mit grünen Zwischenperlen her. Mit

dem Restfaden durchsticht man die Aufhängeöse des Fisches, fädelt ihn fest an die Perlenarbeit an und verwahrt den Faden in den restlichen Perlen.

Das rote Blumenbändchen mit den schwarzen Zwischenperlen (Abb. rechts) und das bunte Blumenbändchen (Abb. Seite 30) werden auf die gleiche Weise hergestellt. Am Ende der beiden Kettchen befindet sich entweder ein Federverschluß oder ein Drehverschluß, die im Bastelgeschäft erhältlich sind.

Zwillingsbänder

Auch kleinere Kinder können diese einfachen Bänder aus größeren Perlen bereits selbst anfertigen. Ein solches Band ist ein schönes Geschenk für die beste Freundin – vor allem wenn man selbst das farblich passende Gegenstück dazu trägt.

Material

Anchor-Sticktwist (Coats Mez) Nr. 175 (hellblau) und Nr. 23 (rosa)
1 dünne Sticknadel ohne Spitze
große Perlen (Ø 2,5 mm): hellblau und rosa

So wird's gemacht

Man spannt zunächst 5 Kettfäden aus Sticktwist in Hellblau oder Rosa auf den Webrahmen. Eine Perlenreihe besteht aus 4 Perlen. Man teilt einen langen Sticktwistfaden, so daß 3 Fäden übrig bleiben. Nach der Zählvorlage arbeiten.
1. Reihe: rosa, hellblau, rosa, hellblau
2. Reihe: blau, rosa, 2 x blau
3. Reihe: rosa, 3 x blau
4. Reihe: rosa, 3 x blau usw.
Wenn die Zählvorlage abgearbeitet ist, nimmt man vorsichtig die Webarbeit vom Rahmen und flicht mit den Restfäden kleine Zöpfe. Ein Verwahren der Fäden ist nicht nötig, da die Fäden im Sticktwist fest eingeklemmt sind. Die Bänder sind jeweils 15 cm lang und bestehen aus 46 Perlenreihen.

Das rosagrundige Band wird genau umgekehrt gearbeitet: Hellblau statt Rosa und Rosa statt Hellblau.

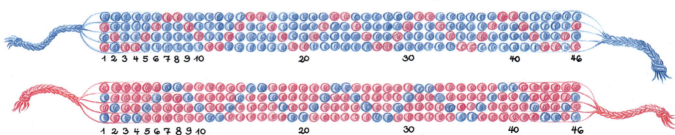

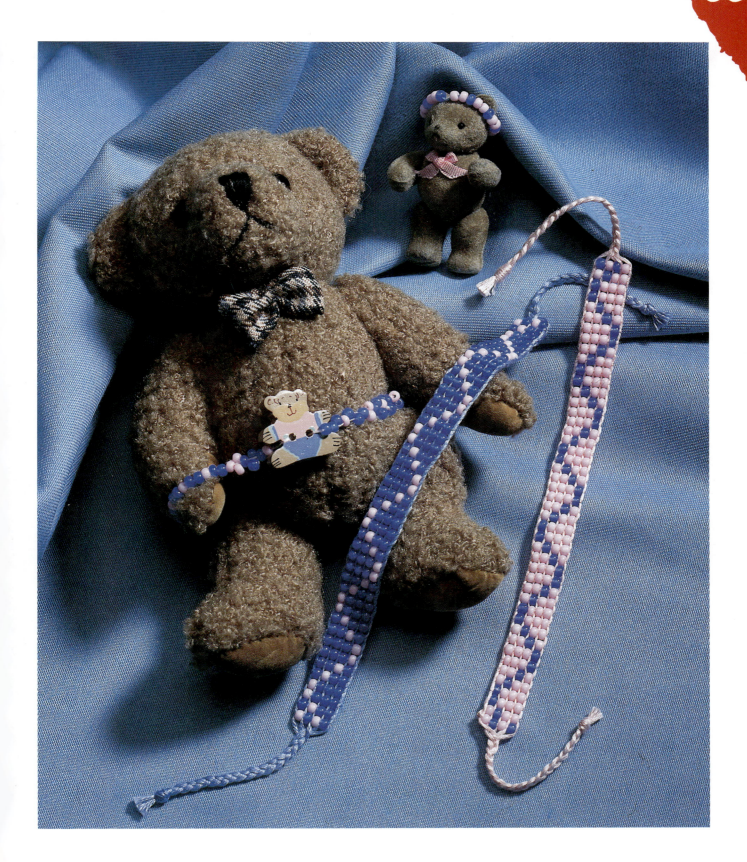

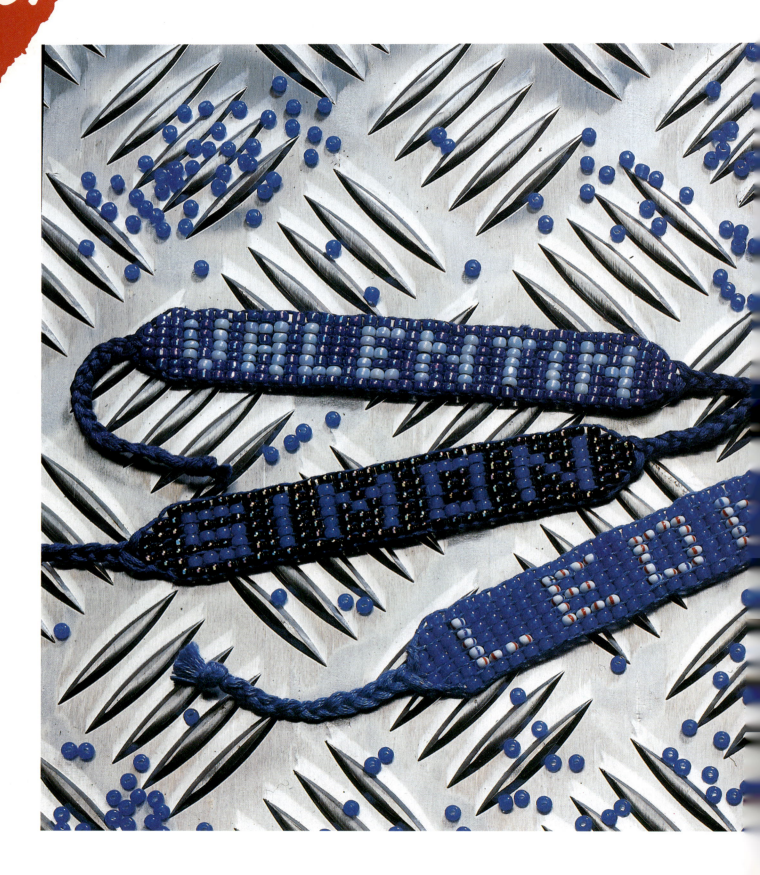

Namensbänder für Kinder

Diese drei Bänder besitzen für mich eine besondere Bedeutung, denn in dem Haus, das ich bewohne, leben sechsjährige Drillinge: Valentin, Simon und Leon. Diesen liebenswerten Lausbuben habe ich die Bänder gewidmet.

Valentin

Material

Perlwebrahmen
Anchor-Sticktwist *(Coats Mez)*
Nr. 178 (lila)
Perlen: perlmutt und blauviolettschillernd
Sticknadel

So wird's gemacht

Für das Wort Valentin wurde das Alphabet Nr. 3 verwendet. In jeder Perlenreihe befinden sich 7 Perlen. Die Länge beträgt 37 Perlenreihen. Man spannt 8 Kettfäden auf den Webrahmen. Dann fädelt man 3 Fäden aus einem geteilten Sticktwistfaden in die Sticknadel ein und beginnt die Arbeit nach der Zählvorlage:
1. Reihe: 3 Perlen violett
2. Reihe: 5 Perlen violett
3. Reihe: 7 Perlen violett
4. Reihe: 2 Perlen violett, 4 Perlen perlmutt, 1 Perle violett

Bei diesem Band entsteht am Anfang und am Ende eine Spitze. Nach Zählvorlage weiterarbeiten. Nach Fertigstellung von 37 Perlenreihen hat man die Webarbeit beendet und nimmt sie vom Webrahmen. Ohne die Enden zu verwahren, flicht man an beiden Seiten einen kleinen Zopf. Das fertige Band ist 11 cm lang.

Mein Tip:

Alphabet 3, das ich für das Band »Valentin« verwendet habe, eignet sich wegen der schmaleren Buchstaben besonders gut für längere Namen.

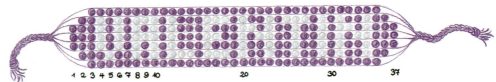

Simon

Material

Perlwebrahmen
Anchor-Sticktwist *(Coats Mez)*
Nr. 139 (lila)
Perlen: hellblau und blauschwarz-schillernd
Sticknadel

So wird's gemacht

Man spannt 8 Kettfäden aus Sticktwist auf den Webrahmen. Dann teilt man einen langen Faden Sticktwist und fädelt drei Fäden in die Sticknadel. Nun beginnt man entsprechend der Zählvorlage:
1. Reihe: 3x blau-schwarz
2. Reihe: 5 x blau-schwarz
3. Reihe: 7 x blau-schwarz
4. Reihe: 1 x blau-schwarz, 1 x hellblau, 1 x blau-schwarz, 3 x hellblau, 1 x blau-schwarz

Nach 33 Perlenreihen ist das Band fertig und wird vom Webrahmen genommen. Man flicht rechts und links zwei kleine Zöpfe. Die Länge beträgt 10 cm ohne Zöpfe. Beim Originalband sind die Zöpfe 6 cm lang.

Leon

Material

Perlwebrahmen
Anchor-Sticktwist *(Coats Mez)*
Nr. 137 (hellblau)
Perlen: weiß-rot-blau und hellblau
Sticknadel

So wird's gemacht

Zunächst spannt man 8 Kettfäden aus Sticktwist auf den Webrahmen und fädelt drei Teilfäden aus Sticktwist in die Sticknadel ein. Man beginnt die Webarbeit nach der Zählvorlage:
1. Reihe: 3 x hellblau
2. Reihe: 5 x hellblau
3. Reihe: 7 x hellblau
4. Reihe: 1 x hellblau, 5 x weiß-rot-blau, 1 x hellblau

Nach 30 Perlenreihen ist die Zählvorlage abgearbeitet. Man nimmt das fertige Band vom Webrahmen. Die Enden des spitz zulaufenden Bandes werden zu Zöpfen geflochten.

Ärmelhalter

Natürlich lassen sich mit diesem Ärmelhalter auch Ärmel raffen. Man kann aber auch die Rückenpartie einer Jacke oder einer Weste damit auf Figur bringen und gleichzeitig ein modisches Glanzlicht setzen.

Material

Perlwebrahmen
Anchor-Sticktwist *(Coats Mez)*
Nr. 403 (schwarz)
Perlen: violett und perlmutt
Sticknadel
2 silberne Hosenträgerclips

So wird's gemacht

Man bespannt den Webrahmen mit 9 Kettfäden und fädelt drei Teilfäden aus Sticktwist in die Sticknadel ein. Dann beginnt man die Webarbeit nach der Zählvorlage:
1. Reihe: 8 x violett
2. Reihe: 1 x perlmutt, 6 x violett, 1x perlmutt
3. Reihe: 2 x perlmutt, 4 x violett, 2 x perlmutt
4. Reihe: 3 x perlmutt, 2 x violett, 3 x perlmutt

Nach 29 Perlenreihen ist die Webarbeit beendet. Sie ist 9 cm lang.

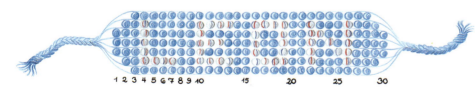

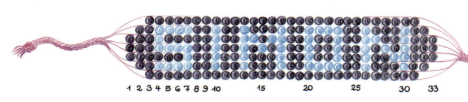

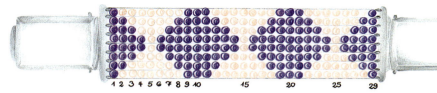

Man nimmt die Arbeit vom Webrahmen. Die Enden werden nicht verwahrt, sondern zum Annähen an die silbernen Clips verwendet. Man fädelt in die Nadel die Endfäden einzeln ein, umwickelt die Öse des Clips und sticht wieder in die Perlwebarbeit ein und macht immer einen Schlingstich um die große Öse an der Schnalle herum. So verwahrt man die Endfäden der Webarbeit auf beiden Seiten. Dadurch erhält man einen stabilen Abschluß, der gut aussieht. Diese Webarbeit ist recht schnell hergestellt. Man kann dieses Muster auch für eine Halskette oder ein Armband verwenden, muß dann allerdings die Zählvorlage entsprechend verlängern.

38

Armband »Grünes Gift«

Die verschiedenen Grüntöne dieses Bandes sehen außerordentlich apart aus. Selbstverständlich läßt sich das Farbschema aber auch beliebig abwandeln.

Material

Perlwebrahmen
Anchor-Sticktwist *(Coats Mez)*
Nr. 1042 (hellgrün)
Perlen: smaragdgrün, olive, pfauengrün, gelbgrün, hell-olive, graugrün, lindgrün, gold
dünne Sticknadel

So wird's gemacht

Man bespannt den Webrahmen mit 8 Kettfäden aus Sticktwist, halbiert einen langen Sticktwistfaden und fädelt die drei Einzelfäden in die Sticknadel ein. Man beginnt die Webarbeit nach der Zählvorlage:
1. Reihe: 7 x lindgrün
2. Reihe: smaragdgrün, gelbgrün, smaragdgrün, gelbgrün, smaragdgrün, gelbgrün, smaragdgrün

Die Webarbeit besteht aus insgesamt 58 Perlenreihen und ist 16 cm lang. Wenn die Webarbeit beendet ist, nimmt man sie vom Rahmen. Die Endfäden auf einer Seite werden verknotet. Diesen Knoten bestickt man mit Perlen, so daß eine kleine Perlenkugel entsteht. Auf der anderen Seite des Bandes teilt man die Kettfäden in je 4 Fäden und flicht 2 kleine kurze Zöpfe in einer Länge von etwa 1 cm. Nach diesen Zöpfchen verknotet man alle 8 Fäden.

Der Abstand von Band zu Knoten muß so groß sein, daß die kleine Perlenkugel auf der anderen Seite des Bandes durch diese Öse paßt, allerdings nur knapp, damit sie nicht herausrutscht. Den restlichen Knoten bestickt man wieder mit Perlen aus der Webarbeit, was ihm zusätzliche Stabilität verleiht. Man sticht immer durch den ganzen Knoten hindurch und befestigt mit jedem Stich eine Perle.

Mein Tip:

Wer vor Beginn der Arbeit prüft, ob die Nadel wirklich durch alle gewählten Perlensorten paßt, erspart sich späteren Ärger. Außerdem wichtig: Das Nadelöhr ist dicker als die Nadelspitze.

Armband »Lila Traum«

Wirklich ein Traum von einem Perlenarmband! Der Clou daran ist die Kombination von kleinen Rocaille-Perlen mit stäbchenförmigen und ovalen Perlen.

Material

Perlwebrahmen
Perlnadel
Rocaille-Perlen: lila und silber
46 blauviolette Stäbchenperlen
10 cremefarbene ovale Perlen
(Länge wie die Stäbchenperlen)
Anchor-Sticktwist (Coats Mez)
Nr. 102 (lila)

So wird's gemacht

Man bespannt den Webrahmen mit 10 Kettfäden aus Sticktwist. Die Fäden sollten eine Länge von 40 cm haben. Nun arbeitet man nach der Zählvorlage:
1. Reihe: 1 x lila, 1 Stäbchen, 1 x lila
2. Reihe: 2 x lila, 1 Stäbchen, 2 x lila
3. Reihe: 3 x lila, 1 Stäbchen, 3 x lila
4. Reihe: 4 x lila, 1 Stäbchen, 4 x lila

Nach 56 Perlenreihen ist die Webarbeit fertiggestellt. Man nimmt die Webarbeit vom Webrahmen und teilt die 10 Endfäden in 2 x 5 Fäden auf. Daraus dreht man eine kleine Kordel von etwa 6 cm Länge, die man am Ende verknotet. Die überstehenden Fäden werden abgeschnitten. Zur Anfertigung einer Kordel muß man immer zwei Stränge nach rechts eindrehen und miteinander verdrehen. Dabei wird immer der rechte Fadenstrang über den linken Fadenstrang gelegt. Den Knoten bestickt man mit Perlen der Farben Lila und Silber, wie sie auch im Band selbst verwendet wurden. Dieses Originalband ist ohne den Abschluß 16,5 cm lang und paßt damit um das Handgelenk eines Erwachsenen. Die Zählvorlage läßt sich aber vor Beginn der Arbeit verkürzen (3 Perlenreihen ergeben etwa 1 cm).

Mein Tip:

Das Auffädeln von Perlen gelingt am besten, wenn man die Perlen in eine größere Schale oder einen Deckel von einem Schraubglas füllt, dann den Faden einfädelt und die Nadel ziemlich flach darüber hält, die Perle auftupft und mit dem Zeigefinger festhält und dann nach hinten schiebt.

Besonders praktisch, aber nicht ganz einfach zu finden ist ein Spezialfingerhut mit einer noppigen Spitze, auf der jeweils ein paar Perlen haften. Sie lassen sich dann ganz leicht mit der Nadel aufnehmen.

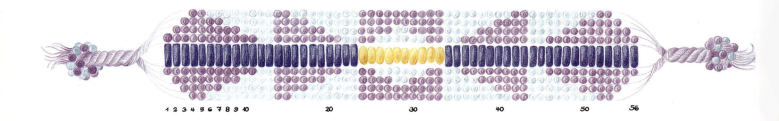

41

Weiße Jeans-Weste »Sophia«

Eine solche Weste hat wirklich nicht jeder! Bei längeren Namen (oder Westen für Erwachsene) läßt man das Schaukelpferd einfach weg.

So wird's gemacht

Die Weste hat eine Rückenbreite von 30 cm. Die Webarbeit mit dem Namen »Sophia« wird 100 Perlenreihen lang. Eine Perlenreihe hat 14 Perlen. Der Schriftzug und das Pferdchen sind dunkelblau-metallic. Man benötigt 15 Kettfäden und sollte zusätzlich die Randfäden zur Stabilität doppelt nehmen. Man schneidet die Kettfäden in einer Länge von 60 bis 70 cm zu und spannt sie auf den Webrahmen. Die überstehenden Fäden wickelt man um die Stöpsel am Ende des Webrahmens und befestigt sie mit einem Klebstreifen. Nun fädelt man einen Faden ein, verknotet ihn am Anfang und beginnt mit der Webarbeit nach der Zählvorlage:
1. – 3. Reihe: 14 x blau-weiß-rot
4. Reihe: 4 x blau-weiß-rot, schwarz-metallic, blau-weiß-rot, 3 x schwarz-metallic, 5 x blau-weiß-rot

Nach 100 Perlenreihen ist die Zählvorlage abgearbeitet. Zwischendurch muß man wegen der Länge dieser Arbeit das bereits fertig gewebte Stück vorsichtig vom Webrahmen nehmen und auf das dafür vorgesehene Querholz am Anfang des Webrahmens aufwickeln. Falls die Arbeit rutscht, wickelt man ein Papiertaschentuch dazwischen. Danach

Material

Perlwebrahmen
Polyestergarn
2 Perlnadeln
Klebstreifen
weiße Jeans-Weste (Originalmodell: Größe 122-128)
Perlen: schwarz-metallic, rot, blau-weiß-rot, dunkelblau-metallic
Stecknadeln
Papiertaschentücher

43

Haarreif »Mausi«

Ein einfacher, billiger Haarreif wird durch eine Perlwebarbeit zu einem ganz persönlichen Geschenk.

Material

Perlwebrahmen
Polyestergarn
transparenter Polyamidfaden
Perlnadel
schwarzer Haarreif, 70 cm Länge, mit textiler Oberfläche
perlmuttfarbenes Perlband (erhältlich im Bastelgeschäft)
2 Straßperlen
Rocaille-Perlen: orange, blau, rot, weiß, schwarz-schillernd
Stecknadeln

So wird's gemacht

Man spannt 12 Kettfäden und zwei weitere Fäden zur Verstärkung der Randfäden in einer Länge von etwa 50 cm auf den Webrahmen. Dann fädelt man in die Perlnadel einen Polyesterfaden ein und beginnt nach der Zählvorlage zu weben:
1. Reihe: 3 x orange
2. Reihe: 5 x orange
3. Reihe: 7 x orange
4. Reihe: 9 x orange
5. Reihe: 11 x orange
6. Reihe: 11 x orange

spannt man die Kettfäden wieder auf den Webrahmen und arbeitet weiter.

Wenn die Webarbeit beendet ist, nimmt man sie vom Webrahmen und verknotet die Endfäden. Dann werden am Ende ein oder zwei Zöpfe geflochten, damit die Fäden geordnet sind.

Man legt die Webarbeit auf die Weste und schlägt die Zöpfe nach innen. Mit ein paar Stecknadeln wird die Webarbeit auf dem Rücken der Weste unterhalb der Schulterpasse fixiert und angenäht. Man näht mit einem Polyesterfaden zunächst die obere Seite der Webarbeit an. Dann werden nacheinander die Seitenteile und die untere Seite angenäht.

Beim Annähen der unteren Seite muß man darauf achten, daß sich die Schrift nicht verzieht.

Mein Tip:

Die Weste kann selbstverständlich getragen und auch gewaschen werden. Es ist allerdings ratsam, sie beim Waschen in der Waschmaschine in einen gesonderten Wäschebeutel zu stecken, damit die Waschmaschine keinen Schaden erleidet, falls die Perlarbeit während des Waschgangs wider Erwarten aufgehen sollte.

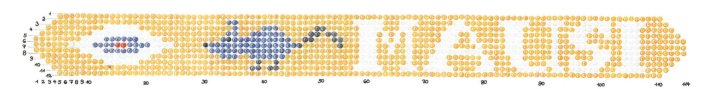

Das Muster beginnt ab Reihe 7. Nun folgt man der Zählvorlage, bis man insgesamt 114 Perlenreihen fertiggestellt hat. Die Webarbeit ist 30 cm lang. Bei dieser Länge muß man zwischendurch einmal die Webarbeit vom Rahmen nehmen und sie ein Stück verlängern (siehe Gürtel, Seite 24). Falls die Fäden nicht straff genug gespannt werden können, wickelt man ein Papiertaschentuch mit ein. Dadurch erreicht man eine größere Stabilität, und die Webarbeit kann nicht verrutschen. Man kann die Webarbeit zur Stabilität auch noch mit einem Klebstreifen fixieren.

Die fertige Webarbeit wird vom Rahmen genommen, die Kettfäden rechts und links werden verknotet und jeweils zu einem kleinen Zopf geflochten. Die Zöpfe werden nach innen geschlagen. Nun bestimmt man die Mitte des Haarreifs und legt die Webarbeit mittig darauf. Bevor man mit dem Nähen beginnt, sollte man die Arbeit mit ein paar Stecknadeln am Haarreif fixieren. Dann näht man es mit dem transparenten Faden fest auf den Haarreif auf. Beim Annähen der zweiten Seite muß man darauf achten, die Perlweberei nicht zu verziehen.
Als zusätzliche Dekoration rahmt man die Perlweberei mit einem perlmuttfarbenen Perlband ein, das mit einem Stich nach jeder Perle am Haarreif festgenäht wird (siehe Foto). Die Enden des Haarreifs kann man mit je einer Straßperle verzieren.

Mein Tip:

Manchmal ist es nötig, immer wieder Perlenreihen mit dem Daumennagel zusammenzuschieben.

Indianerkette

Material

Perlwebrahmen
Polyestergarn
2 Perlnadeln
Klebstreifen
Papiertaschentücher
Perlen: grün, weiß, rot, blau, gelb, orange, schwarz

So wird's gemacht

Die Kette wird etwa 41 cm lang. Man schneidet 8 Kettfäden und 2 zusätzliche Randfäden aus Polyestergarn in einer Länge von 100 cm zu. Man spannt die 8 Kettfäden und die 2 stabilisierenden Randfäden auf den Webrahmen und wickelt die überstehenden Kettfäden um die Stöpsel an der unteren Seite des Webrahmens. Bei dieser Webarbeit ist es besonders wichtig, daß man beim Bespannen der Anfangskettfäden 20 cm um das Anfangsquerholz wickelt, da man diese Fäden bei Abschnitt 2 der Webarbeit wieder benötigt.

1. Teil:
Zunächst wird die schmale Seite der Kette in der vollen Länge von 62 cm gearbeitet. Man beginnt mit den ersten beiden Reihen, die folgendermaßen aussehen:

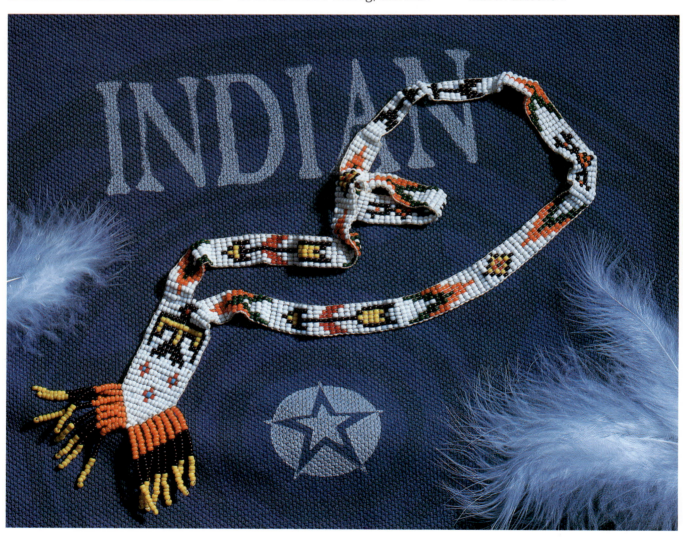

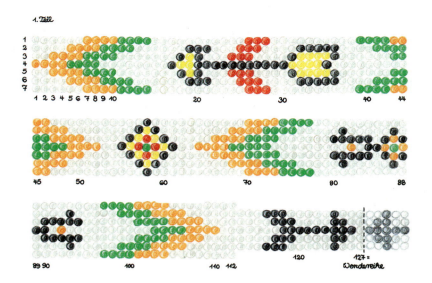

die Webarbeit vom Webrahmen und wickelt sie um das Querholz am Anfang des Webrahmens. Wenn die Webarbeit rutscht, legt man ein Papiertaschentuch dazwischen, damit sie einen besseren Halt hat (siehe Gürtel, Seite 24). Man wickelt soviel von der Webarbeit auf, daß die Kettfäden wieder frei sind. Diese werden dann wieder neu gespannt, und man kann weiterarbeiten. Diesen Vorgang muß man so oft wiederholen, bis die gesamte Zählvorlage abgearbeitet ist. Nach etwa 62 cm hat man die volle Länge der schmalen Seite der Kette geschafft. Nun nimmt man die Webarbeit vom

1. und 2. Reihe: 3 x weiß, orange, 3 x weiß
3. Reihe: 2 x weiß, 3 x orange, 2 x weiß
4. Reihe: 2 x weiß, 3 x orange, 2 x weiß
5. Reihe: 1 x weiß, 2 x orange, 1 x grün, 2 x orange, 1 x weiß

Man arbeitet nun nach der Zählvorlage bis zur Perlenreihe 112 (siehe Zeichnung). Von nun an läßt man die beiden Randperlen weg und arbeitet nur noch mit 5 Perlen in jeder Perlenreihe. Die Kettfäden rechts und links werden einfach zusammengezogen, also mit dem Arbeitsfaden umschlungen.

Man nimmt 5 weiße Perlen und zieht sie durch und wiederholt diese Farbfolge noch zweimal. Dann kommt der schwarze Pfeil, der mit der Farbfolge schwarz, 3 x weiß, schwarz beginnt. Wenn man beide schwarzen Pfeile fertiggestellt hat, geht es an die andere Seite der Kette. Man arbeitet aber einfach spiegelverkehrt von Reihe 112 bis Reihe 1 weiter, da die gesamte Kette in einem Stück gewebt wird. Nach etwa 30 cm nimmt man erstmalig

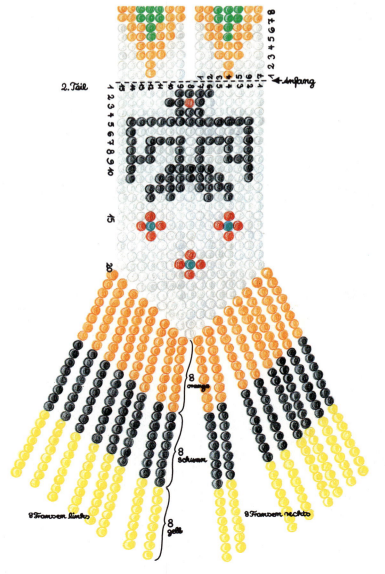

Webrahmen und legt sie so vor sich hin, daß jeweils die gleichen Motive nebeneinander liegen.

2. Teil:
Jetzt spannt man die Webarbeit so wieder in den Webrahmen ein, daß 16 Kettfäden nebeneinander liegen (8 Kettfäden vom Anfang der Webarbeit und 8 Kettfäden vom Ende der Webarbeit). Man muß noch circa 20 cm Kettfäden unterhalb der Webarbeit übrig haben. Man wickelt die Webarbeit an der schmalen Stelle mit den schwarzen Pfeilen ein- bis zweimal um die Stöpsel am Ende des Webrahmens und befestigt die Kettfäden so, daß noch etwa 15 cm zum Weben zur Verfügung stehen.

Jetzt kann man den kleinen schwarzen Adler mit den gelben Flügeln weben. Der untere Teil der Kette besteht aus 15 Perlen in einer Reihe (d.h.16 Kettfäden). Man beginnt diesen Abschnitt mit 15 weißen Perlen in der ersten Reihe.
2. Reihe: 6 x weiß, 4 x schwarz, 5 x weiß
3. Reihe: 5 x weiß, 2 x schwarz, 1 x rot, 1 x schwarz, 6 x weiß

Weiter geht's, bis man nach der Zählvorlage 20 Perlenreihen in diesem Abschnitt gewoben hat. Danach nimmt man in jeder folgenden Reihe rechts und links je eine Perle weniger, wie es in der Zählvorlage zu sehen ist. Die Spitze besteht ausschließlich aus weißen Perlen.

Man muß die Randfäden dabei immer fest anziehen. Dieses Abnehmen wiederholt man so lange, bis in der Mitte nur noch eine Perle übrig ist.
Jetzt kann man die Webarbeit endgültig vom Webrahmen nehmen. Rechts und links hat man nun die 8 Kettfäden übrig. Man fädelt jeden einzeln in eine Perlnadel ein und fädelt folgende Perlen auf: 8 x orange, 8 x schwarz und 8 x gelb. Um die letzte gelbe Perle sticht man herum und führt den Faden durch die Fransenperlen zurück, um ihn zu verwahren (zur Sicherheit kann man nach einigen Perlen einen Schlingstich um den Fransenfaden machen und den Faden erst dann durch die Perlen weiterführen).

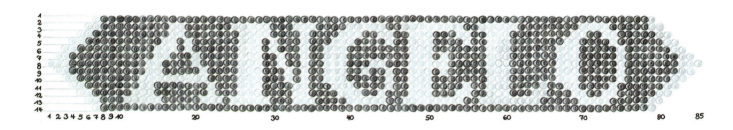

Baseball-Mütze »Angelo«

Ein »Muß« für jeden Fan der Kelly-Family, das nicht nur auf Konzerten der berühmten Gruppe oder in der Disco Aufsehen erregen wird. Wer für andere Stars schwärmt, sucht sich auf Seite 55 die Buchstaben für den entsprechenden Namen heraus.

Material

Perlwebrahmen
Polyestergarn
2 Perlnadeln
Klebstreifen
schwarze Baseball-Mütze
transparenter Polyamidfaden
Rocaille-Perlen: schwarz und silber
18 Straßperlen
Stecknadeln
Papiertaschentücher

So wird's gemacht

Das Band »Angelo« hat 85 Perlenreihen und ist 22 cm lang.

Man schneidet 14 Kettfäden in einer Länge von 50 cm zu sowie zwei zusätzliche Randfäden, da diese doppelt genommen werden. Die Fäden spannt man auf den Webrahmen und beginnt nach der Zählvorlage zu weben. Da dieses Band am Anfang und am Ende spitz zuläuft, fängt man mit einer einzigen Perle zwischen dem 7. und dem 8. Kettfaden an:

1. Reihe: 1 x silber (zwischen dem 7. und 8. Kettfaden)
2. Reihe: 3 x silber
3. Reihe: 5 silber
4. Reihe: 2 x silber, 3 x schwarz, 2 x silber
5. Reihe: 2 x silber, 5 x schwarz, 2 x silber
6. Reihe: 2 x silber, 7 x schwarz, 2 x silber
7. Reihe: 2 x silber, 9 x schwarz, 2 x silber

Nun ist die erste Spitze fertig. Ab der 8. Reihe sind es dann zunächst 13 schwarze Perlen. Weiter geht es nach der Zählvorlage.

Das Ende des Bandes läuft ebenso wie der Anfang spitz zu. Ab der 79. Reihe wird abgenommen, bis in der letzten Perlenreihe wieder eine silberne Perle zwischen dem 7. und 8. Kettfaden liegt.

Wie beim Gürtel (Seite 24) und der Jeans-Weste (Seite 42) muß die Webarbeit zwischendurch vom Rahmen genommen werden, da das Perlwebband zu lang ist (Arbeitsweise siehe Seite 24).
Wenn die Webarbeit vollendet ist, nimmt man sie vom Webrahmen und verknotet die Endfäden. Dann legt man die Webarbeit genau in die Mitte der Mütze, wobei die Endfäden nach innen geschlagen werden. Man fixiert die Webarbeit mit Stecknadeln und näht sie anschließend auf, zunächst den oberen Rand, dann den unteren Rand. Beim unteren Rand darauf achten, daß das Band nicht verzogen wird!

An der rechten und linken Spitze näht man zusätzlich je eine Straßperle auf. Damit der Schirm besonders auffällig glitzert, näht man da weitere 16 Straßperlen auf. Die Positionen der Straßperlen müssen vor dem Aufnähen markiert werden, damit gleichmäßige Abstände entstehen.

Brillenband

Jetzt hat der Ärger mit der verlegten Sonnen- oder Lesebrille ein Ende: Wenn sie nicht gebraucht wird, hängt sie griffbereit am Perlenband um den Hals.

So wird's gemacht

Man schneidet 7 Kettfäden in der Länge von 60 cm zu und bespannt den Webrahmen mit 5 Kettfäden und zwei zusätzlichen Randfäden zur Stabilisierung. Nun fädelt man einen langen Faden in die Perlnadel ein und beginnt nach Zählvorlage zu arbeiten. Bei dieser Zählvorlage muß man nicht exakt arbeiten, da diese Perlen bunt gemischt sind, und die Reihenfolge willkürlich zustandekommt. Nach 160 Perlenreihen ist das Perlband fertiggestellt. Jede Perlenreihe besteht aus 4 Perlen. Die gesamte Webarbeit ist 38,5 cm lang.

Befestigungsschlaufe

Material

Perlwebrahmen
Polyestergarn
Perlnadeln
Anchor-Sticktwist *(Coats Mez)*:
creme (Nr. 926), rotbraun (Nr. 1028), grün (Nr. 976), grau (Nr. 1032),
durchsichtige Rocaille-Perlen in versichiedenen Farben
2 Gummiringe (erhältlich beim Optiker)

Man nimmt die Webarbeit vom Webrahmen und verknotet die Endfäden miteinander. Dann schneidet man die Sticktwistfäden in einer Länge von 90 cm zu. Man benötigt für jede Seite einen Faden in jeder Farbe. Nun faßt man 4 Fäden in der Mitte, läßt die Enden herunterhängen und macht mit allen Fäden eine große Befestigungsschlaufe (siehe Zeichnung). Dann nimmt man alle Fäden zusammen und wählt aus dem Fadenstrang einen Faden heraus (beim Originalmodell creme). Damit knüpft man von oben nach unten mehrere Befestigungsschlaufen, die eng aneinanderliegen.

Wenn ein etwa 2 cm langer Abschnitt in einer Farbe beendet ist, dreht man zwischen Daumen und Zeigefinger die Befestigungswülste etwas um den Strang herum, so daß eine Art Spirale entsteht. Nun legt man den Knüpffaden zum Strang zurück, wählt eine neue Farbe (beim Originalmodell rotbraun) und beginnt wieder mit Befestigungsschlau-

fen. Es ist sinnvoll, als nächste Farbe immer den längsten Faden aus dem Strang auszuwählen. Wichtig: Die Befestigungsschlaufen müssen dicht aneinander geschoben werden. Die Wicklung muß immer die darunter liegenden Fäden dicht an dicht bedecken.

Nach 9 Spiralabschnitten werden die Fäden auf einer Länge von 3–4 cm verflochten und durch den kleinen Gummi gezogen. Ein Faden (beim Originalmodell grün) wird dicht um die Endfäden gewickelt und in eine Sticknadel gezogen. Jetzt verwahrt man den Faden in dem umwickelten Stück. Die restlichen Fäden, die noch oben herausschauen, schneidet man vorsichtig so kurz wie möglich ab. Die andere Seite des Brillenbandes ebenso fertigstellen.

Mein Tip:

Es ist manchmal ziemlich schwierig, den Faden in das Nadelöhr der Perlnadel einzufädeln. Es gelingt am besten, wenn man den Faden abschneidet und mit den Zähnen flach beißt, zwischen Daumen und Zeigefinger klemmt, so daß er fast nicht mehr zu sehen ist und dann die Nadel über den Faden stülpt. Ein Nadeleinfädler kann zwar durch das Nadelöhr geschoben werden, beim Zurückziehen wird jedoch häufig der Nadeleinfädler oder das Nadelöhr beschädigt. Für kleinere Kinder ist es deshalb ratsam, größere Perlen und entsprechend größere Nadeln mit weiterem Öhr zu verwenden.

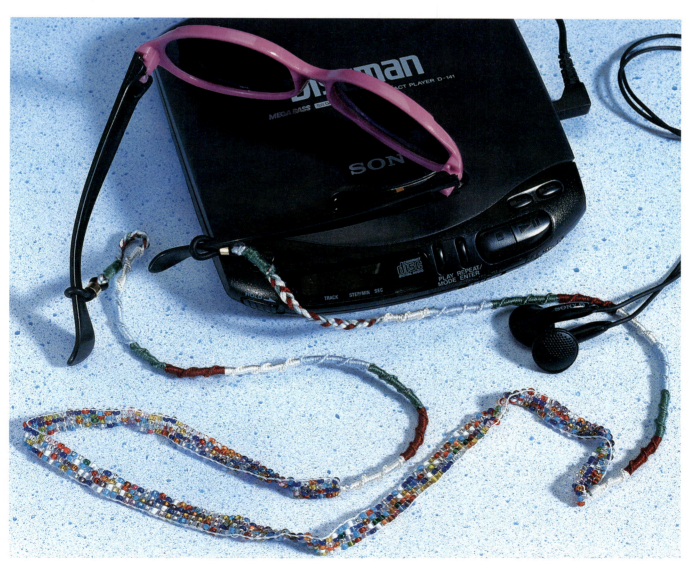

Anhang

Alphabete für die Perlweberei

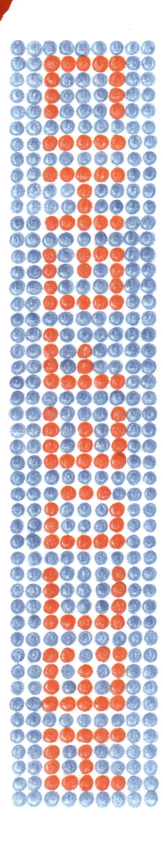
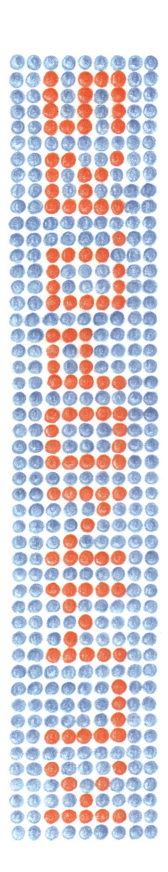
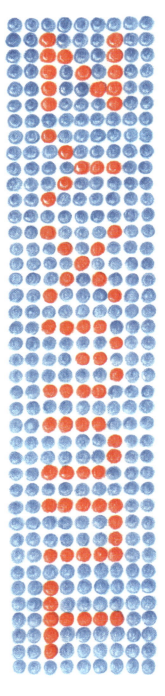

Alphabet 1

Alphabet 2

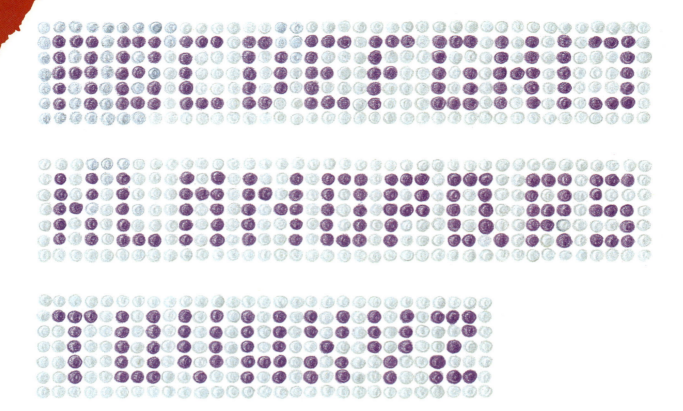

Alphabet 3

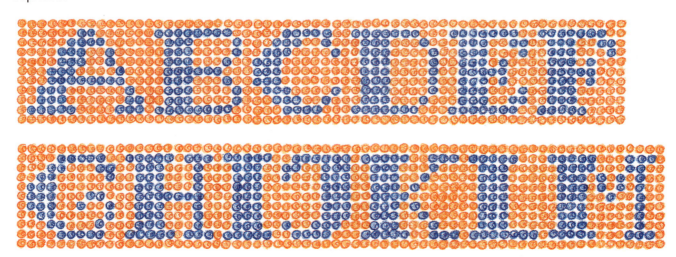

Alphabet 4

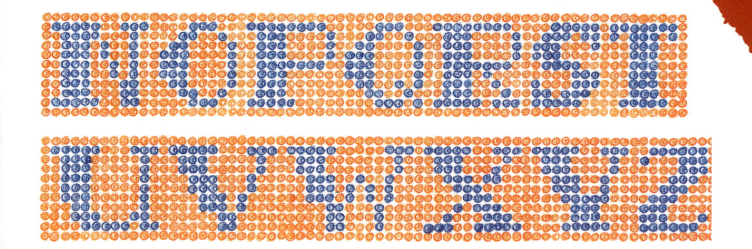

Alphabet 5

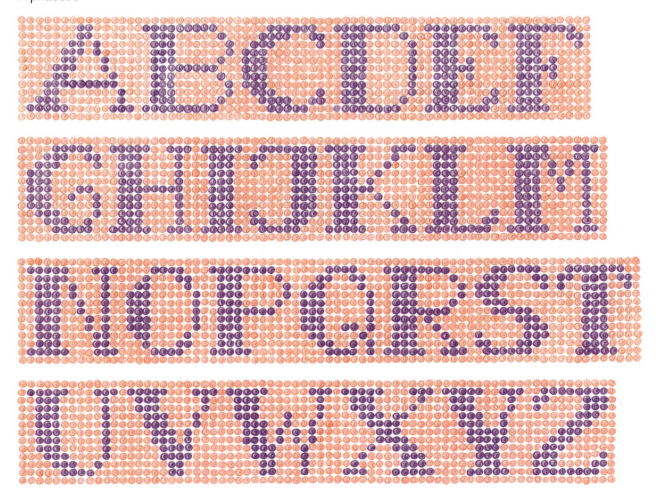

Die Deutsche Bibliothek –
CIP Einheitsaufnahme
Perlweben : Schmuck, Freundschafts-
bänder, Accessoires / Marina Schories.
– Augsburg : Augustus-Verl., 1997
ISBN 3-8043-0493-1

Im Augustus Verlag sind außer »Perlweben«
folgende Titel von Marina Schories erschienen:
- Freundschaftsbänder selber knüpfen
- Freundschaftsbänder – Neue Knüpf-Ideen
- Sag's mit Freundschaftsbändern
- Indianerzöpfe

Das Werk einschließlich aller seiner Teile ist urheberrechtlich geschützt. Jede Verwertung außerhalb des Urhebergesetzes ist ohne Zustimmung des Verlages unzulässig und strafbar. Das gilt insbesondere für Vervielfältigungen, Übersetzungen, Mikroverfilmungen und die Einspeicherung und Verarbeitung in elektronischen Systemen.

Es ist deshalb nicht gestattet, Abbildungen dieses Buches zu scannen, in PCs oder auf CDs zu speichern oder in PCs/Computern zu verändern oder einzeln oder zusammen mit anderen Bildvorlagen zu manipulieren, es sei denn mit schriftlicher Genehmigung des Verlages.

Die im Buch veröffentlichten Ratschläge wurden von Verfasser und Verlag sorgfältig erarbeitet und geprüft. Eine Garantie kann dennoch nicht übernommen werden. Ebenso ist eine Haftung des Verfassers bzw. Verlages und seiner Beauftragten für Personen-, Sach- und Vermögensschäden ausgeschlossen.

Jede gewerbliche Nutzung der Arbeiten und Entwürfe ist nur mit Genehmigung von Verfasser und Verlag gestattet.

Bei der Anwendung im Unterricht und in Kursen ist auf dieses Buch hinzuweisen.

Fotografie: Klaus Lipa, Augsburg
Lektorat: Helene Weinold-Leipold
Zeichnungen: Claudia Wiedenroth, Niederstaufen
Umschlaggestaltung: Christa Manner, München

Layout: Anton Walter, Gundelfingen

Augustus Verlag Augsburg 1997
© Weltbild Verlag GmbH, Augsburg

Satz: 10 Punkt Syntax in QuarkXPress von DTP-Design Walter, Gundelfingen
Reproduktion: GAV, Gerstetten
Druck und Bindung: Appl, Wemding

Gedruckt auf 120 g umweltfreundlich elementar chlorfrei gebleichtem Papier.

ISBN 3-8043-0493-1
Printed in Germany